ICH MAG KATZEN

Anushka Ravishankar & verschiedene Künstler
Deutsche Version: Gita Wolf

Dreiste Katzen

Triste Katzen

Satte Katzen

PLATTE Katzen

Fiese Katzen

Miese Katzen

Greise Katzen

Leise Katzen

Treue Katzen

Scheue Katzen

Stille Katzen

Schrille Katzen

Stumme Katzen

Dumme Katzen

Schräge Katzen

Rege Katzen

Wirre Katzen

Irre Katzen

Krumme Katzen

Fromme Katzen

Fesche Katzen

Freche Katzen

Wache Katzen

Schwache Katzen

ICH MAG Katzen

Einband Vorderseite
Kunststil: Patachitra
Region: Odisha
Künstler: Radhashyam Raut

"Dreiste Katzen"
Kunststil: Patua
Region: West Bengalen
Künstlerin: Swarna Chitrakar

"Triste Katzen"
Kunststil: Gond
Region: Madhya Pradesh
Künstler: Bhajju Shyam

"Satte Katzen"
Kunststil: Gond
Region: Madhya Pradesh
Künstlerin: Durga Bai

"Platte Katzen"
Kunststil: Meena
Region: Rajasthan
Künstlerin: Unbekannt

"Fiese Katzen"
Kunststil: Meena
Region: Rajasthan
Künstlerin: Unbekannt

"Miese Katzen"
Kunst: Meena
Region: Rajasthan
Künstlerin: Unbekannt

"Greise Katzen"
Kunststil: Sohrai
Region: Jharkhand
Künstlerin: Putli Ganju

"Leise Katzen"
Kunststil: Pithora
Region: Rajasthan/Gujarat
Künstler: Chelia Hamir

"Treue Katzen"
Kunststil: Sohrai
Region: Jharkhand
Künstlerin: Putli Ganju

"Scheue Katzen"
Kunststil: Warli
Region: Maharashtra
Künstler: Balu Domada

"Stille Katzen"
Kunststil: Patachitra
Region: Odisha
Künstler: Radhashyam Raut

"Schrille Katzen"
Kunststil: Gond tribal
Region: Madhya Pradesh
Künstler: Mayank shyam

"Stumme Katzen"
Kunst: Warli
Region: Maharashtra
Künstler: Ramesh Hengadi

"Dumme Katzen"
Kunststil: Gond tribal
Region: Madhya Pradesh
Künstler: Mayank Shyam

"Schräge Katzen"
Kunststil: Gond tribal
Region: Madhya Pradesh
Künstlerin: Kalabai Shyam

"Rege Katzen"
Kunststil: Gond tribal
Region: Madhya Pradesh
Künstler: Mayank Shyam

"Wirre Katzen"
Kunststil: Patua
Region: West Bengalen
Künstlerin: Swarna Chitrakar

"Irre Katzen"
Kunststil: Gond
Region: Madhya Pradesh
Künstlerin: Durga Bai

"Krumme Katzen"
Kunststil: Sohrai
Region: Jharkhand
Künstlerin: Putli Ganju

"Fromme Katzen"
Kunst: Gond
Region: Madhya Pradesh
Künstlerin: Durga Bai

"Fesche Katzen"
Kunststil: Meena
Region: Rajasthan
Künstlerin: Unbekannt

"Freche Katzen"
Kunststil: Chitrakathi
Region: Maharashtra
Künstler: Eknath Gangavana

"Wache Katzen"
Kunststil: Gond
Region: Madhya Pradesh
Künstler: Anand Shyam

"Schwache Katzen"
Kunststil: Patua
Region: West Bengalen
Künstlerin: Moyna Chitrakar

"Ich mag Katzen"
Kunststil: Gond
Region: Madhya Pradesh
Künstlerin: Roshani Vyam

Einband Rückseite
Kunststil: Meena
Region: Rajasthan
Künstlerin: Unbekannt

Ich Mag Katzen
Englischer Originaltitel: I Like Cats
Copyright ©2015 Tara Books Private Limited
Für die Illustrationen Verschiedene Künstler
Text von Anushka Ravishankar
Deutsche Version: Gita Wolf

Für diese Ausgabe
Tara Publishing Ltd., UK | www.tarabooks.com/uk
Tara Books Pvt. Ltd., India | www.tarabooks.com
Design: Rathna Ramanathan, minus9 design
Produktion: C. Arumugam
Gedruckt in Indien von
T. S. Manikandan, A. Neelagandan, K. Prabhu,
A. Arivazhagan, T. Sakthivel, R. Shanmugam,
S. Mariyappan, A. Ramesh, M. Rajesh, S. Boopalan,
S. Chinraj und Gandhi
Buchbinder: M. Veerasamy, Venugopal,
S. Manigandan, Mohan, M. Bhavani, R. Selvi, und
E. Mahalakshmi, AMM Screens, Chennai, India

Alle Rechte vorbehalten. Das Werk darf in keiner
Form ohne die schriftliche Erlaubnis des Verlegers
wiedergegeben werden.

ISBN: 978-93-83145-36-2